LE ROI

ET

LA FAMILLE ROYALE.

QUIMPER,
Typographie de E. Blot, fils.

RÉFUTATION

DE

CALOMNIES

ANARCHIQUES,

PAR

P. F. G. LOISEL,

MEMBRE – CORRESPONDANT DE LA SOCIÉTÉ ROYALE
D'ÉMULATION DU FINISTÈRE.

« Cris impuissants, fureurs bizarres !
« Tandis que ces monstres barbares
« Poussaient d'insolentes clameurs,
« Le Dieu, poursuivant sa carrière,
« Versait des torrents de lumière
« Sur ses obscurs blasphémateurs. »

— MAI 1835. —

Audierne, le 20 Mai 1835.

Non content de se faire l'écho d'odieuses calomnies, au sujet des vues politiques, des intentions paternelles et des habitudes privées de S. M. Louis-Philippe, un petit journal qui s'imprime en Bretagne a, depuis quelque temps, repu la stupidité de ses rares lecteurs, de commentaires perfides, de proverbes démagogiques sur l'intérieur de la Famille royale. Nous avions, maintes fois, laissé passer inaperçues ces billevesées, coupables délices d'une canaille qui conspire, déclame en se pavanant, hurle ses chants de cannibales, aiguise ses poignards à divers étages : nous étions certain qu'à la sortie de leur office mercenaire, le mépris public rejetait dans la boue ces déclamations renouvelées du *Père Duchesne.* Cependant, elles se reproduisent avec plus d'audace, de folie et d'absurdité ; demain, peut-être, elles retrouveront place en d'autres feuilles d'aussi méchant acabit ; pour cela, l'ordre des meneurs parisiens du parti anti-social suffira : il convient à la loyauté de cette contrée, aux sentimens d'un Français ami de l'honnête et du vrai, aux habitudes d'un citoyen qui a le courage de son opinion, de donner enfin un éclatant démenti aux assertions d'un ignare et piètre pamphlétaire. Il est temps de renverser du pied les tréteaux d'où l'on ose, prenant le silence de la stupeur et du dédain pour un signe d'adhésion, braver la majesté des lois, défier la longanimité de la magistrature, insulter à tout ce que la France aime et respecte. La France!.... Ah! nous n'eûmes jamais d'amis ni d'ennemis que les siens; remplissons notre devoir envers elle, puisqu'il n'est plus permis à aucun de ses enfans de marcher indifférent au milieu des saturnales séditieuses du mensonge et du crime.......... *Non licuit reticere, nè quis modestiam in conscientiam duceret.* (Tac.)...... Crions de dessus notre toît, crions : anathème à nos grotesques réformateurs d'estaminets, à nos tribuns incultes de carrefours, à ces publicistes dont la curiosité turbulente rêve un gouvernement sans impôt, un bonheur sans travail, un peuple entier à leurs genoux..... sans bon sens! Anathème à ces avocats indignes qui courtisent les prisons à l'affût d'un client, d'un écu, d'un scandale!.... Anathème à ces médecins sans malades, sans amis, sans honneur, qui, blêmes de petits soucis, blêmes de débauches, blêmes d'attentats projetés, pantelans de cent convoitises illicités, demandent avec frénésie de l'or, des orgies, du bruit et de l'or encore à de pauvres dupes, à des héritiers de noms sinistres, à des scélérats, le rebut, l'effroi, le déshonneur de l'espèce humaine!.... Anathême à cette tourbe de niais, d'intriguans, d'ambitieux, sans état, sans considération, sans consistance, pernicieux amateurs de nouveautés, perpétuels fauteurs de troubles, qui, comme leurs modèles, leurs patrons, leurs héros et leurs saints, préludent, par des libelles exécrables, par des assassinats moraux, au retour (heureusement à jamais impossible) de leurs pillages, de ces dévastations vandales, de ces meurtres juridiques, de ces exécutions par masses, objets de leurs épouvantables panégyriques. Certes, nous n'avons pas toujours souhaité, conseillé, loué ce qui s'est passé depuis cinq ans, et notamment depuis que le grand cadavre de la Pologne gît étendu sur de glorieuses ruines; au contraire (et nous le disons avec quelque fierté), nous avons avec opportunité trouvé, dans notre cœur, des inspirations patriotiques et des expressions d'indépendance......... dont nous expions encore le beau retentissement : mais, avant tout, par-dessus tout, nous abhorrons les chouans et les anarchistes, et nous venons les combattre. Nous venons, au grand soleil, avec énergie, mais aussi avec loyauté, défendre de notre plume l'auguste Famille de ces Princes, sur les pas de qui nous courûmes, dans un saint enthousiasme, conquérir en Belgique,....... un ordre d'exil, des humiliations, la perte de notre fortune et de notre santé. Nous oublions nos griefs personnels, nous fesons taire le ressentiment de longues injustices et de mauvais traitemens, pour prêter main-forte à la constitution qu'on dit menacée. Au premier signe du Roi, nous serions sous les armes. Mais les Ministres!........ on en dit des horreurs, des........ infamies......

— Y croyez-vous?

— Mais... on dit......

— Les *on dit* sont des résultats de la sottise et de l'oisiveté : nous qui n'avons point le don de pénétrer mystérieusement dans les cabinets d'hommes d'état, pour en dérober les secrets; nous qui, de bonne foi, ne prétendons avoir ni épuisé le passé, ni connu tout le présent; nous qui ne voulons nous donner l'air ni de deviner l'avenir, ni de marcher devant la Providence, nous nous dénions qualité pour la prévenir sur la démarche que feront demain les ministres d'hier ou leurs successeurs..... peut-être. Nous savons donc consentir à ignorer quelque chose; il est même des faits dont nous abjurons le souvenir, par amour pour la Patrie, par pur dévoûment au Roi; nous serons, avant tout, fidèle à notre serment. Dans une ville assiégée, il faut bien prendre garde de mettre le feu à l'arsenal; dans une crise où une faction impie menace d'interrompre le cours de la justice, dernière garantie la plus sacrée de la société, nous nous rallions franchement aux agens de la volonté du Roi, aux dépositaires de son autorité; nous nous dévouons, avec eux, et comme eux, pour que force reste à la loi. De plus longues dissidences entre les serviteurs de la couronne ne profiteraient qu'à leurs communs ennemis : à la vie à la mort, nous sommes ministériel. Nous voulons *une liberté qui facilite les devoirs*, en même temps qu'elle protège les intérêts et les droits; nous voulons un terme, à tout prix, aux agitations incessantes qui alarment l'industrie, relèvent la jactance du carlisme, nuisent à l'influence extérieure de notre cabinet, et apprennent à nos enfans à douter de la puissance des lois; nous voulons la Charte, *toute* la Charte, *rien* que la Charte : nous déclarons que, désormais, dès que l'on s'attaquera à la personne du Roi, l'on nous trouvera sur la brèche.

Je reviens au journal calomnieux.

« Le Roi (dit-il) paraît triste, affaibli, souf-
» frant.... il est grondeur, colère, etc....

» Il a pâli.... autour de lui tout lui devient ob-
» stacle...... »

Autant de mots, autant de mensonges! Le Monarque des Français se porte bien, très-bien.....
pour le bonheur de la France, et pour celui de l'Eu-

rope.... Aucun travail, de quelque durée et de quelqu'importance qu'il soit, n'est jamais abandonné inachevé, par un Prince au secours de qui ses forces viennent aussi facilement que son courage. Oui, la Patrie peut l'espérer, Louis-Philippe assistera au développement paisible des prospérités semées par sa haute sagesse. La gracieuseté, la douceur, la dignité, le langage, tantôt brillant, tantôt sublime, tantôt plein de bonhomie, de S. M., ont constamment le même charme; elle continue, par la persuasion, par la conviction, à exercer, sur tous ceux vers qui se penche sa bonté, une puissance incontestée, puissance d'autant plus auguste qu'elle est plus personnelle; il y a, toujours, dans son regard, du Henri iv, du Guerrier de Jemmappes, et surtout du héros qui, aux fatales journées de Juin, s'élança, seul, au milieu d'un groupe de forcenés, et les désarma par cet accent pénétrant, irrésistible de la vertu : *« Voici le Roi!...... Eh bien! que lui voulez-vous?.... »* Jamais, peut-être, une passion profonde pour la vérité, un oubli généreux d'un danger imminent, une pensée vive de salut pour des sujets égarés, n'ont, au milieu d'armes menaçantes, jailli d'un cœur de souverain, avec plus de soudaineté, plus d'éclat, plus d'abnégation stoïque de soi-même!... On ne connaîtrait point Louis-Philippe tout entier, si l'on ignorait que, chez le Roi, la présence d'esprit, la valeur personnelle, le mépris de la mort égalent la science de gouverner, une prévoyance qui comprend

tout, l'art de faire avec facilité les choses les plus admirables, la force qui se joue des périls, les écarte, et entraîne à leur perte ceux qui les machinent. Ils l'apprennent, à leurs dépens, les misérables qui marcheraient volontiers, comme Saint-Just, *les pieds dans les larmes et dans le sang*, pour nous imposer leur *bonheur de Sparte*; et c'est ce qui fait le désespoir de nos ennemis........ « *Nihil arduum aut invictum credunt sic ad bellum venienti.* (Sall.).

« La Reine gémit de l'acharnement avec lequel on
» persécute les prévenus d'Avril.

» La Reine excite, pousse à la vengeance.

» La Reine devient un obstacle sérieux au système
» de violence.....

» La Reine demeure étrangère à ces discussions
» violentes d'intérieur; elle vit entièrement livrée à
» ses pratiques minutieuses de dévotion, à ses habi-
» tudes d'aumône. »

J'ai cité plusieurs phrases contradictoires extraites de numéros qui se suivaient..... La différence de leurs versions est étrange, elle est impudente!.... De ces dires si opposés, que faut-il croire? Rien: absolument rien, car, dans chacun d'eux, il y a folle exagération, hyperbole maligne, hypocrisie patente, accusation infâme. L'honneur d'un écrivain en meurt; il est mort de les avoir exprimées, sur cette terre courtoise de France, où toute attaque dirigée, je ne dis pas ici contre une Reine ou une Dame de haut lignage, mais contre une femme bien élevée, *ingénue*, est dûment tenue pour la marque d'un petit esprit, d'un cœur plus petit encore.

Nous comprenons notre temps; nous comprenons que, dans son impuissante rage, au milieu de tant de compétitions ardentes qui se heurtent, d'amours-propres froissés qui rugissent, d'ambitions insatiables qui s'agitent, d'intelligences méconnues qui se révoltent, la portion infime de deux factions implacables se délecte, s'enorgueillisse, prétende et obtienne de vils applaudissemens, en ses déclamations violentes, furibondes jusqu'au ridicule, contre le chef de l'État...... Cacus, en expirant, lançait encore des flammes. Nous savons que, si l'intérêt de la Nation n'exigeait impérieusement la sévère répression, le châtiment exemplaire de déportemens affreux, les vertus du Roi et les succès de la Monarchie constitutionnelle suffiraient, au dedans comme au dehors, pour terrasser la calomnie et humilier l'envie. Nous disons davantage : les méchans pourraient encore se voir autrement punis, car nos Princes ne perdent aucune occasion de se venger par des bienfaits; et nous aurions, ainsi que nos amis, demandé qu'on laissât cette conflagration morale, ou plutôt très-immorale, s'éteindre faute d'aliment. Nos devoirs sont devenus plus graves : une poignée de factieux voudraient nous faire passer sous les fourches caudines; mais nous ne regardons point la France comme venue à une perturbation d'idées du juste et de l'injuste, telle que les seuls républicains commandent son attention à l'expression de leurs systèmes; nous parlerons, selon nos convictions, en homme qui ne sent le besoin ni d'altérer, ni de dissimuler sa pensée. Il faut enfin, il faut un dénoûment imposant à ce drame du Luxembourg, dont la considération du gouvernement paraît (dit-on) avoir jusqu'ici fait les frais. Les moqueries des légitimistes, l'étonnement de nos alliés, la joie de nos rivaux, l'orgueil d'individus enhardis par une douceur qu'on prendrait pour de la faiblesse, tous les fâcheux résultats des débats du procès d'avril, doivent cesser. L'heure des demi-mesures est passée : dès que le Roi commande, il doit être obéi; il ne faut qu'un peu d'adresse, de la résolution et de la vigueur. Un homme de cœur peut beaucoup ; un ministre dévoué peut tout ce que veut son maître. Le devoir seul mène à la gloire; celle qu'on doit à la fidélité porte toujours avec elle un caractère de grandeur qui impose, entraîne, et domine. Il ne s'agit plus de tout ménager, tout concilier, tout accommoder; sûr de la droiture de ses sentimens, décidé à ne se plier jamais au gré des caprices de la multitude, on se montre, on agit, on parle avec la noblesse qui convient aux ministres capables et qui fait les hommes d'état illustres. Je ne sais quoi de divin brille dans les yeux et coule sans cesse au travers du cœur d'un homme bien convaincu que l'intérêt seul de la Patrie le meut. Il lui semble que les honnêtes gens s'unissent tous à lui; il sent qu'il est vrai, qu'eux le seront avec lui; qu'ils n'ont tous qu'une seule voix et une seule pensée. Les Ministres du Roi des Français doivent avoir cette confiance : le bon sens du peuple lui a fait entrevoir de quel côté se trouvaient maintenant ses véritables amis; si l'ennemi se montre, qu'on sonne à l'étendard!

A la face du pays, devant le premier corps politique de l'État, l'on n'a pas craint de jeter à ses gouvernans, à son représentant par excellence, à l'auguste tuteur de nos intérêts les plus chers, le défi formel d'exécuter les lois; la république s'est établie en campement au sein de la société qu'elle veut dissoudre; la république a publié ses bulletins; la république a décerné ses encouragemens, ses récompenses, ses censures; elle a compté ses soldats : si la république remue, qu'on l'écrase! qu'on froudroie la république! Il y a, quelquefois, de l'humanité à punir avec célérité, afin d'éviter de plus grandes collisions : alors, il faut se faire violence pour ne pas pardonner. Ce qu'une foule de bons esprits pensent, je le dis haut : la question d'amnistie est hors de controverse depuis trois mois; l'amnistie est devenue impossible.

L'ingénieuse allégorie de la paix me représente bien une nichée d'oiseaux dans le casque de Mars ; j'y cherche en vain des vautours, je n'y découvre que les colombes de Vénus. N'examinons plus quel parti l'on aurait pu prendre ; il convient seulement de considérer les choses et les hommes que la royauté a devant elle ; et souhaitons-lui la volonté de faire rentrer ses ennemis dans la poudre. Ils ne seront plus, dès qu'elle l'aura voulu. Il est permis à la force de se sentir elle-même ; eh ! qu'importe qu'on la dise altière, pourvu qu'on la trouve grande, *pourvu qu'elle ne laisse faire à d'autres que ce qu'elle ne peut pas faire elle-même dans sa dignité*, pourvu qu'elle assure le triomphe de la justice, en sauvant un peuple entier du joug et de la servitude des forcenés qui, déjà, sous les verroux, se disputent le droit de devenir ses oppresseurs ?..... Le sort d'un esprit ferme n'est point hasardeux, il a vu, il exécute, il désenchante des malheureux traînés en esclaves par de subtils conducteurs, il écarte les timides, il dompte ce qui résiste, il marche sur le ventre à la révolte, il finit par conquérir tous les suffrages, parce que son énergie a bravé la haine passagère de quelques turbulens pour bien établir la félicité publique. Le rôle du ministère est tout tracé. Je veux bien qu'en droit la forme emporte quelquefois le fond ; en politique, c'est autre chose..... Il faut mettre à bas les obstacles, et de côté les hâbleurs. Voilà tout! qu'on ne parle donc plus d'amnistie, ni de grâce. La première a été *imposée* au gouvernement, il se *déconsidérerait* à la proclamer; maintenant, quoiqu'il advienne, faire grâce, ce serait se noyer de ses propres mains, ce serait abdiquer!.... Oui, abdiquer! et au profit de qui, grand Dieu!... Pour voir, dans nos temples, l'impudicité divinisée; dans nos rues, un peuple courbé sous la misère et la terreur; dans les palais de l'industrie, les dévastations du *maximum*; dans nos campagnes, les réquisitions, la disette et la guerre civile; sur chacune de nos places publiques, la *guillotine sainte*, ses cyniques pourvoyeurs, les hideuses mégères de 93, et des cadavres amoncelés!..... Ah! régnez, grand Prince, dont la sagesse et la fermeté éloignent de nous ces épouvantables calamités; régnez, pour voir V. M. toujours environnée de la reconnaissance des vrais Français et des respects de la terre; régnez comme le plus grand de vos ancètres, comme le bon Henri!..... Rappellez-vous sa fin tragique, si funeste aux intérêts de la Nation dont il était adoré; imposez un moment silence à une clémence dangereuse! la France a frémi d'horreur, en voyant ces sermens de haine viagère stéréotypés dans le moniteur de l'anarchie, en comptant ces poignards avides d'une prime promise au régicide, au bruit de ces menaces atroces proférées jusques dans le sanctuaire des lois : elle demande justice contre vos ennemis!

elle connaît leurs projets, leur but, leur rage impétueuse; elle sait les uns acharnés par vanité à la perte du trône; les autres portant par avance en idée une toge consulaire teinte dans votre sang; ceux-là résolus à chercher dans un incendie européen des distractions puissantes contre les remords; ceux-ci, flétris, ruinés par tous les excès, dignes émules de Mizan, disposés à jouer leur vie, sur un coup de dé, contre une poignée d'or; son génie allarmé me jette aux sacrés genoux de V. M.; au nom de vos vertus qui font sa gloire, au nom du Dieu qui, en vous faisant Roi, vous a imposé de grands devoirs, au nom de votre auguste Famille, au nom de trente millions d'hommes dont vous êtes aussi le Père, je vous conjure, SIRE! de ne pas laisser choir de votre vaillante main le symbole de votre justice!.... Remplissez l'attente de l'Europe, l'espoir de la Patrie, les vœux de l'armée!..... Dissipez les terreurs de la vertueuse compagne de vos grandes destinées!...... *Dieu, sauve le Roi!*

Nous venons de parler de la Reine........ Eh bien! de quels outrages envers S. Majesté ne se sont-ils pas rendus coupables quelques-uns de ces *prévenus* d'avril qui voudraient suspendre le cours de la justice? Leurs co-accusés ne sont-ils pas, tous, de cœur et d'intention, coupables de ces délits?..... Libres demain, triomphateurs insolens de l'ordre public, placés au-dessus des lois, que

feraient-ils sur les débris de tous les principes gou-
vernementaux ?......... N'iraient-ils pas, de leurs
mains barbares, mettre en lambeaux, traîner dans
leurs repaires le manteau sous lequel la céleste
AMÉLIE daigne offrir un abri pour tant de douleurs
et de misères ?..... Par ce qu'ils ont tenté, l'on
peut juger de ce qu'ils essaieront, s'ils sortent de
ce combat à outrance qu'ils ont accepté sous la
forme de procédure. Ne les entendez-vous pas se
glorifier de leurs projets parricides ?..... Devant
quels excès s'arrêterait leur exaspération sur-excitée,
quand leur arrière-garde de *timides*, leurs corres-
pondans *moins avancés*, leur simples souscripteurs
à la république, leurs sectionnaires secrets s'en
prennent, aujourd'hui même, au moment où j'écris,
aux membres de la Famille royale, et les vilipendent,
les bafouent, les livrent aux huées, dans des ima-
ginations ignobles.

Nous nous expliquons.

Nous nous sommes, une fois, surpris à rire de
la verve d'une pochade de Philippon ; mais qu'est-ce
à dire ? Toute la science de Castaing rend-elle
moins horrible cet empoisonneur ?.... Non, sans
doute : nous n'avons donc éprouvé que de l'indi-
gnation et du dégoût, en parcourant le petit journal
breton dont nous avons parlé plus haut. Nous ne
saurions plus voir d'esprit où le crime commence.
Nous jugeons qu'il y a calomnie contre le pays,

attentat contre la dignité des mœurs françaises, à blasphémer le nom béni, consacré par la reconnaissance d'une princesse, épouse, mère et reine, également digne d'admiration, d'amour et de respect. Nous estimons qu'il y a bassesse, perfidie, crime d'anti-humanité, à taire avec malignité, à s'efforcer de rendre suspects, à dénier avec insolence ces bienfaits secrets, nombreux, empressés, délicats, qui, par les ordres d'une vivante et fidèle image de la Divinité, vont sans-cesse chercher et consoler l'infortune, de Brest à Dunckerque, à Marseille et à Dieppe, comme à Bayonne, partout, dans les réduits les plus hideux de Paris et sous la hutte la plus triste de nos campagnes. Si une pareille conduite n'est pas d'un monstre sans entrailles, elle est certainement d'un républicain ou d'un fou : oui d'un fou, car je ne vois rien autre chose dans un Robespierre de cabaret.

Peut-être, un jour, la raison lui reviendra-t-elle.

Oh! alors, la lecture de ses articles calomnieux sera son plus cruel châtiment. Alors, son front s'embrasera du fard de la honte, au souvenir de ces libelles extravagans, de ces salmigondis d'une littérature ordurière, où l'outrage gratuit, l'outrage sans but, sans motif, sans prétexte, est prodigué à Madame Adélaïde, la meilleure amie, la digne Sœur d'un Marc-Aurèle chrétien, la protectrice éclairée des Beaux-Arts, la patronne fervente de tous les genres de mérite. Il se repentira d'avoir voulu troubler ce concert d'éloges si unanimement décernés, dans les asiles des cholériques, à la tranchée devant Anvers, dans nos ateliers, dans nos manufactures, dans nos casérnes, au sein des sociétés philantropiques, au milieu des salons derniers refuges de l'ancienne urbanité nationale, à un Prince qui rappelle, en toutes ses actions, les hautes qualités et les vertus aimables du Roi, dont il se dit si bien le *premier Sujet;* mais l'écrivain félon, le faux prophète, dout les espérances se fondent sur des calamités, se repentira trop tard : déjà, il marche en chancelant, courbé sous le poids de la réprobation publique, portant dans ses traits et dans toute sa démarche cet aveu du remords : « L'ordre est » la loi suprême des êtres intelligens. » Qu'il vive!... qu'il vive long-temps, en témoin importuné du bonheur de la Patrie, en accusateur muet, historique débris d'une Jacquerie écrasée!... Cependant, les gens éclairés qui font à la Liberté l'honneur de la croire fille de la Raison, les hommes qui font cas de la vérité, les citoyens qui s'intéressent réellement à la paix et à la grandeur de la France, ceux qui approchent MM. les Ducs d'ORLÉANS et de NEMOURS, les guerriers dont LL. AA. RR. s'exercent à tenir la multitude dans une vaillante main de capitaine, les savans qu'elles honorent, les gens de cœur qu'elles protègent, les bienfaiteurs de l'humanité qu'elles encouragent, tous repousseront, mépriseront, flétriront, confondront cet imposteur. Enfin, quand les Fils du Roi auront, semblables aux pousses d'un magnifique olivier, grandi pour soutenir et orner le Trône constitutionnel, le pamphlétaire étourdi verra **MM.** le Prince de JOINVILLE et le Duc d'AUMALE sortir accomplis du sage gouvernement de leurs précepteurs, se présenter, et montrer, sans crainte, à nos amis comme à nos ennemis, M.ᵍʳ le duc de MONTPENSIER, dont le peintre scandaleux de soi-disant Scènes du *Château* n'a pas l'air de soupçonner maintenant l'existence. (*Quidquid amavimus, quidquid mirati sumus, manet, mansurumque est in animis hominum, in æternitate temporum, famâ rerum.* Tac.)

Et pourtant, le *rédacteur*, si sagace, si plaisant, si spirituel, si docte, si bien renseigné du journal dont nous parlons, a naguères admiré (ses numéros de 1830 en font foi) cette belle, noble, généreuse et affable Famille d'Orléans ; il était, lui aussi, accouru à *la curée*, comme disait Barbier :

» Monsieur voulait alors, pour se hausser d'un cran,
» Vendre sa liberté dix mille écus par an.

(Cas. de la Vigne.)

Monsieur visait, était candidat, et candidat bien appuyé, à une préfecture ; préfecture de 2.ᵉ classe, purement et simplement, toutefois pour prendre patience et en attendant mieux comme de raison. On ne saurait rencontrer plus de modestie ! vous allez en juger. On avait réussi pour lui ; l'affaire était comme bâclée, si notre administrateur en espérance avait su se taire à-propos. Le contraire arriva, par un excès de joie, par un petit mouvement de....... de présomption. Les patrons, les guides, les souffleurs ordinaires du harangueur étaient absens, et malheureusement ce *journaliste-là* ne peut montrer d'esprit que quand il est absolument seul : le Ministre lui tourna le dos, en murmurant : « *on m'avait trompé!.... c'est un sot, un....* (historique) » Et, depuis ce temps, il y a des personnes qui croient que l'on peut-être Ministre et dire la vérité ; je suis du nombre. Notre éditeur de *proverbes* démagogiques ne partage pas, tout-à-fait, leur avis : à dater du jour où la France s'est vue privée des conseils d'une aussi rare sagesse, il s'est porté l'ennemi des grands, l'ennemi de la cour, l'ennemi des broderies et des gens brodés, l'ennemi des électeurs, l'ennemi des éligibles, l'ennemi des élus, l'ennemi des pairs, l'ennemi des juges, l'ennemi des procureurs du Roi, l'ennemi des Princes, l'ennemi de la Reine, l'ennemi du Roi!... Il est devenu patriote, patriote exalté, patriote sévère, patriote féroce!.... Il a pris un foulard rouge pour cravate!.... en signe de deuil civique, il a mis au rebut ses bonnets de coton si frais, si proprets, si classiques!... La Patrie est en danger!...

Mais, s'il était en place, alors tout irait mieux!...

(Royou).

Pauvre Patrie, ton sublime zélateur ne boit, ne mange, ne dort que pour toi!.... que dis-je, il ne dort plus : il épie, l'œil et l'oreille au guet, il attend, il espère, il appelle de ses vœux l'instant propice de saisir au passage *sa* préfecture, *sa* république, *sa* dotation et *son*..... Quoi, encore?..... Eh! parbleu, *son* consulat! Il n'y a qu'un faible obstacle, un léger inconvénient à la réalisation de tous ces projets, c'est que la France s'obstine à ne vouloir, en aucune façon, d'un sanglant et ruineux remue-ménage. Est-elle entêtée, la France! Cependant, si la république n'arrive vite, notre homme est flambé!.. Il ira, dit-il, pleurant sur son pays ingrat, enseigner la philosophie, le mépris des grandeurs, le bonheur de la vertu, les délices de l'obscurité, chez des hommes entièrement libres, chez les Charruas, ou dans les Terres australes,.... ou peut-être, à Charenton.

Adieu!... bon voyage!

P. LOISEL.

221